兰渚集

邓小华 著

百花洲文艺出版社
BAIHUAZHOU LITERATURE AND ART PRESS

图书在版编目(CIP)数据

兰渚集 / 邓小华著 . -- 南昌 : 百花洲文艺出版社 ,2020.7
ISBN 978-7-5500-3721-2

Ⅰ . ①兰… Ⅱ . ①邓… Ⅲ . ①诗集 – 中国 – 当代
Ⅳ . ① I227

中国版本图书馆 CIP 数据核字 (2020) 第 069323 号

兰渚集
邓小华 著

出版人　章华荣
策划编辑　朱强
责任编辑　赵霞
书籍设计　朱嘉琪
出版发行　百花洲文艺出版社
社址　南昌市红谷滩新区世贸路 898 号博能中心 A 座 20 楼
邮编　330038
经销　全国新华书店
印刷　江西和一彩印有限公司
开本　880mm × 1230mm　1/32　印张 7.125
版次　2020 年 6 月第 1 版第 1 次印刷
字数　150 千字
书号　ISBN 978-7-5500-3721-2
定价　36.00 元

赣版权登字 05-2020-46
邮购联系　0791-86895108

序

胡迎建

当代各行各业中，都不难发现有挚爱诗词并为之辛勤耕耘者，他们不因杂务碌碌，随波逐流，而是甘愿栖息于诗词的精神家园，自有作诗的趣味、作诗的快乐。他们以诗来支撑自己，充实自己，以诗励志，以诗慰藉，当放飞大自然时，又能以诗写出情的飞扬、美的感悟。之所以如此，是因为诗有其自身的魅力，有其声律美、意境美，入其中，则欲罢不能。袁枚说："诗者，人之精神也"（《随园诗话》）。研读诗词，创作诗词，涵咏性情，抒写体验，这并非小道，因为以诗可觇国运之兴衰，与时代、社会息息相关。这也是我读邓小华诗词所想到的。

我与邓小华因诗词而相识，因诗词而结缘。他热爱诗词，并经常将他的诗作发给我，请我帮他点评和提出指导意见，这样我与邓小华就有许多诗词方面的交流，他的谦逊好学，勤于思考，追求完美的精神给我留下了很深的印象。邓小华长期在地方党政部门与公安部门工作，虽忙于公务，却一直情系诗词，尤其近年退休后，摆脱了繁忙的事务，便有了更多的时间和精力投入到诗词的研究和写作中来，使诗词创作有了更多的成果。前不久，他整理其诗词集，厚厚一摞，嘱作序，义不容辞，展卷诵读，得窥全貌，红葩绛萼，撷之纷簇。也由此而知他早植慧根，尚在少年意气时就写诗填词。1975年有《七律·乡情》，1976年有《水调歌头·青岚湖畔》）。屈指算来，已走过四十多年的诗词道路。在当今快节奏的社会，风气浮躁，他却一本初衷，葆有诗心，留心观察自然界与人间百态。在读书作诗过程中，修身养性，涵养君子人格、高雅情操，发为诗，自有充沛之气，盎然之气，融和之气。

生于南昌、长于南昌的他，与江西这块红土地有着与生俱来的深情，往往流连于奇山秀水而乐山乐水。山峰莽莽，林海茫茫，幽壑曲溪，篱院柴扉，每每逗引他的诗兴，盼望江西永葆青山绿水。以真赏者状物态，得真趣，如："满目澄明，万物显真颜。谁料瞬时晴又转，游雾海，又浮悬"（《江城子·体验武功山》）。又："地僻林深散蒿荒，柴门外遇少年郎。远驰山路身心困，憩息随邀入客乡。行阡陌，话麻桑，古樟荫下品茶香。莫言胜境陶人醉，民俗风情亦味长"（《鹧鸪天·太平山行》）。在地僻林深中得遇热情接待他的少年。写出了景中人物、民俗风情。再如《鹧鸪天·游神雾山》云：

谷涧清风千竹修，蔓藤古树曲径幽。

吴王殿外紫烟袅，阳举峰巅神雾浮。

云梦幻，水潺流，邀谁同在画中游。

不知半日过吴楚，欲向中原风物求。

前半实写景之幽深，状难写之景如在目前；后半转为议论，含不尽之意见于言外。

七绝如《七绝·三百山》：“未知林海隐云烟，但见深山出涌泉。溪涧涓涓朝远去，香江汲用可思源？”前二句写林海云烟、深山涌泉之奇境，后二句联想到此水流往香港，惠及数百万黎民，用疑问句，发人深思。又如：“远山起伏接青天，湖水江流一线牵。目尽乾坤遥万里，长风为我扫云烟。”（《七绝·含鄱口揽胜》）。极写开阔之境，而诗中有我在，有豪雄之气在，诗中有强烈的生命寄托。用“为我”赋予物以情态，民国诗人陈三立早有此妙法：“尚有青山为我横”；“已有群山为我青”（《二月三日顾石公招饮龙蟠里》）。

即景遣兴，目击道存，无论是清新绿翠的生态园，还是赣江水乡，或是秀美怡人的乡村田野，万象尽收笔底，心物感应，则妙想天开，兴会神到。如其词云：“气宜林木秀，时至果蔬鲜。常自修枝凭一剪，剪来连片青缘。偶于树下品茶闲。望浮云远去，听暮鸟归喧。”（《临江仙·农庄写意》）。林木与人居相谐，正是他企盼的悠闲自得、天人合一之境界，写来深衷浅貌。又如：“渔舟初泊，鸥羽轻翔。西山形潜远云中，万里长空，难觅星光。 不见昔时戏水郎，昨日泅者，今在何方？秋风无意水微凉，江渚依然，人去草黄”（《一剪梅·赣江秋韵》）。联想昔时戏水郎，起结呼应，情韵悠然。又如：“芳草吐翠酥雨滋，野花绽丽暖风时。家禽觅食奔林早，群鸟争欢恐啭迟。 随漫步，畅呼吸，春光流淌一行诗。忽疑

此处谁宾主，人亦物兮莫问知。”（《鹧鸪天·春日偶感》）。其作品融入个人的独特感觉，将山水妙态的细微处展现出来。五律如：“沿岸循弯道，观湖卧绿茵。波微嬉幼鹭，日暖醉游人”（《五律·青山湖行》）。景中能写出生物之理，注重细节描写，跌宕有致，类此多清隽妍雅之作。

或漫游天下以壮其胸襟。无论是北上燕赵齐鲁，远至辽阔草原，还是近游长江、珠江流域的南方，他总是寻幽访胜，凭吊怀古。过长城而感慨：“身临往昔纷争地，旧境神游闻剑戈”“城台横亘依稀在，白骨雄魂知几何”（《鹧鸪天·夜过金山岭长城》）。在赤壁旧战场，他想到的是：“隔岸北南圻，对垒生死悬。乾坤开战定，雄主几分天”（《五律·吊赤壁古战场》）。均有历史的厚重感。至刘公岛而思当年甲午海战，有《满江红·刘公岛》：“大地陆沉赤子泪，九州板荡豺狼孽。厦欲倾，总有顶梁人，扶危阙。”押入声，声情激越。至浙江绍兴而思秋瑾之悲剧，《满江红·祭秋瑾》：“何忍睹，香消玉裂。天昏暮，雨悲云泣”但依然对国家命运与前景抱有希望：“茅山莫忧秋雨暗，西湖寒过多春色。”至东海岸，感怆金瓯的分裂：“遥眺东南烟雨稠，风狂浪卷只添忧。长虹飞渡终有日，海晏澜安共九州。”（《七绝·鼓浪屿观海》）。

无论是咏史还是咏怀，皆能独抒性灵，触景或因事生发，感慨万端，议写相为映衬，如：“长河互消长，高岳两同殊。论有中庸理，道循无为乎”（《五律·读史》）。力求将情兴与哲理相融和。又“凡世事，古今同，寰尘看破便从容。人逢怡境忧烦远，汤茗随心浓淡中。”（《鹧鸪天·品茶》）；“银杏叶飘黄似金，亭台倒影幻还真。恍然弹指光阴去，两鬓青丝已染银”（《鹧鸪天·又游钓鱼台》）；“有情陡感岁催老，无迹光阴轮转中”（《鹧鸪天·过年》）。感慨深沉。在草原上，他看到了雨后的芳菲，夜来的神秘：“雨过芳茵鲜碧，日出野花绚烂。何为阴晴忧。 篝火夜同舞，情与月光流。曾记否？入京夜，众星浮。同行怀梦，犹有热血在心头。回望韶华如水，鬓斑更怀逝旧。当解舍和留。醉醒一杯酒，聚散几春秋”（《水调歌头·坝上草原行》）。在那里，有欢快，有留恋，有友人相聚的快乐，回忆的温馨。写文革之祸难，如《满江红·文革感赋》云：“十载忍埋尧舜痛，一书难尽丹青血”“为有苍生安与幸，何谈此辈得还舍”类此悲欢离合，世事无常，有着诸多人生百味的感悟，然胸怀坦荡，庶可无愧于人世。

以上约略从江西山水诗、即景遣兴诗，凭吊怀古诗，咏史咏怀诗几方面稍加归结以述之。

再简要谈其作品的特征。其五律能写景状物，气脉流贯。每于起承中寓呼应，总括中有深化。如《五律·秋日》：“云暮苍山远，风来秋水寒”为兴起，颔联“噪蝉方隐树，候雁又飞南”，承上启下，深化写景；颈联“人未忌晴雨，物宜随自然”，转写感悟之理。尾联“夜来窗外寂，冷月为谁悬”以问句作结，以意寓于景中，余味无穷。笔致疏宕，颇得物趣。

七律不多，然不乏写景生动、对仗工切的好句，如：“暮鸟归林纷寄树，闲鱼嬉水逐秋波。远山落日吐霞焰，天际初星出汉河”（《七律·湖畔》）；“浪卷天涯托日起，云牵皓月伴星分”（《七律·秦皇岛外怀古》）。炼动词而出之

以拟人化。又："旭日才抛光数缕，朝云便换彩红身"（《七律·赣江晨赋》）；"才迎春色看云起，又沐秋风对叶蓑"（《七律·抒怀》）；"天边遥望五峰顶，观内犹镌三丈碑"（《七律·烟雨麻姑山》）。妙在流水对之气韵婉扬。

七绝甚多，往往于后两句用力构思，作者深知个中三昧。如："寂寞寒天何处去，灯黄影绰伴前程"（《七绝·胡同秋夜》）；"若问今生悲喜事，孤魂无语任飘悬"（《七绝·看电影〈蓝风筝〉有感》）。末用问句，引人深思。或于第三句提起，末句呼应："惊现奇云山外起，金菇炫目耀暝初"（《七绝·蘑菇云》）。如此则句法灵活不滞。

所作词之数似多于诗。集中的词以小令为主，特别是爱好用《鹧鸪天》。追求炼意与炼字，愈增清新。大致其词以婉约为正宗，得欧、苏之清隽与婉畅。如《鹧鸪天·登岳阳楼》词云：

夕暮余晖映古楼，洞庭辽阔眼中收。
风过芦海绿千顷，波浸晚霞红半湖。
西阳落，远山浮，悠悠碧水任春秋。
今逢轻浪闲云日，何为明朝天地忧？

设色鲜明，炼字奇警。如"拂"、"浸"字，更有"绿"、"红"字形容词使动之妙用。末用问句，引发多愁善感的忧患意识，避免了当下不少诗人就景论景之弊端。

我很高兴他在诗词创作上已大有收获，但愿当下诗坛多这样一些不求闻达、默默耕耘者，当浮华散落，最终留下的是有价值的真情之作。我也认为，邓小华今后仍将一本初衷，不懈于此道，转益多师，则其诗之骨力益坚，格调益健，是可预料。

写于南昌青山湖畔湖星轩

时在己亥岁杪

（胡迎建：中华诗词学会副会长，江西省诗词学会会长）

目录

11

15

沁园春·飞雪迎新春[1]

1979 年元月，北京

冬去春临，飞絮迷空，寒柳婆娑。
又至除夕夜，人逢佳节，情盈玉盏，何忌颜酡。
初瑞新晨，同行携友，踏雪迎风闹市过。
观千品，独慕年贺画，奔月嫦娥。

莫愁冰结燕河，玉泉动，初惊北海波。
叹九州多舛，乾坤动荡，纷云飞雨，几处琼阁？
呼唤花开，尽驱前雾，愿为阳春引浩歌。
更远望，万里江山路，不再蹉跎。

注：①这是新中国历史上非同寻常的时期。粉碎四人帮后，中国结束了十年内乱，社会经济获得了举步维艰的恢复和发展，举国大地开始春潮涌动。

鄱阳湖

沁园春·过鄱阳湖

1988 年 11 月，自南昌港乘船沿赣江水路入鄱阳湖，赴沿岸某地出差。

南浦朝行，细雨绵绵，薄雾穿航。
看赣江两岸，山丘起伏，湾流疏苇，去路苍茫。
彭蠡昏临，烟波浩渺，几片微帆天际扬。
朔风冷，面无边秋水，时结愁肠。

风云千载回望，曾多少枭雄此逐浪。
忆周郎备战，惊涛驰舸，朱陈争霸[①]，剑影刀光。
犹有湘军，太平鏖战[②]，血染鄱湖泣夕阳。
岁渐远，愿人间泽国，澜晏云祥。

注：①元朝末年，朱元璋与陈友谅为争夺天下，曾在鄱阳湖水域进行水上大战。

②清中后期，太平军与湘军在鄱阳湖及长江段进行多次水战。

江城子·忆游香山

1979年11月，晨游香山，时过30载，仍记忆犹新。

秋山寂静野茫茫。透林光，晓风凉。
攀道崎岖，犹有草花香。
高岭旭阳看万物，天地远，向东方。

依稀往事水流长，转头望，露成霜。
柳绿枫红，曾几度鲜芳？
漫漫人生风雨路，多苦旅，又何妨。

2009年12月

江城子·体验武功山

久攀曲道近山巅，路迷湮，步踌前。
时已昏暝，何处可居安？
无奈茅庵和衣卧，风雨夜，竟难眠。

晨行云散日辉间，草原鲜，远峰绵。
满目澄明，万物显真颜。
谁料瞬时晴又转，游雾海，又浮悬。

2010月2月24日

浪淘沙·十月惊雷

欣闻党中央十届三中全会公报：华国锋任中共中央主席、中央军委主席，四人帮垮台。夜步长街，歌潮人海，华灯齐放，星月当空，天地相映，感而赋之。

灯火耀苍穹，
人涌如洪。
旗云歌海举楼空。
万丈豪情燃子夜，
与梦相拥。

雷动九霄重，
忽醒群翁[①]。
人间天上共持盅。
不觉尽欢催夜短，
日出霞红。

1976年10月于北京

注：①指受文革迫害已去世的老一辈无产阶级革命家及文化教育知识界老同志。

浪淘沙·山海关

燕脉起雄关，
襟海依山。
长城万里此东端。
欣幸神州无异域，
南北同天。

烽火忆当年，
清顺相煎[1]。
枭吴一怒为红颜。
功罪千秋谁与判？
山海无言。

2014年9月5日于秦皇岛

注：①指清军与李自成大顺军。

浪淘沙·纪念郑和下西洋六百年

旌舸下西洋。
浩浩汤汤。
波涛万里出东方。
华夏文明传远域，
丝路歌扬。

岁月历沧桑。
外起群强。
黄河依旧九回肠。
今盼再圆蓝色梦，
问鼎辉煌。

2005 年 12 月

临江仙 · 汉海昏侯[1]

往事尘封千载，
又回惊世春秋。
冥冥谁可解恩仇。
断魂金銮殿，
陨命海昏丘。

起落身何由己，
乾坤人主沉浮。
庙堂玄妙事悠悠。
看炎凉世态，
叹几度风流。

2016年11月于南昌

注：① 西汉海昏侯刘贺墓群位于南昌市新建区大塘乡观西村。2013年被当地居民发现。

临江仙·戊戌中秋望月

仰望苍穹星汉，
又逢一度中秋。
惠风和气漾神州。
瑶光清似水，
好景可长留？

遥想坡公天问，
心随广宇神游。
谁知天地各何求。
人间当梦月，
嫦女许乡愁。

2018 年 9 月 25 日于南昌

临江仙·农庄写意[1]

白露降临当暑杪，
蝉鸣渐感稀焉。
又逢万物始舒颜。
气宜林木秀，
时至果蔬鲜。

常自修枝凭一剪，
剪来连片青缘。
偶于树下品茶闲。
望浮云远去，
听暮鸟归喧。

2018年9月上旬于南昌

注：①作者所建农庄，内草木苍翠，瓜蔬满园，禽鸟众多，是一处绿色生态园地。

山海关

临江仙·百丈寺

2016年10月12日，奉新百丈山

雄峻群峰环古寺，
林幽溪曲云深。
清规厚史远犹闻。
世间香火地，
千载续禅音。

山外客多趋净土，
几人堪了寰尘？
村姑帝子有缘因[①]。
孤坟藏旧梦，
殊路待归魂。

注：①传说当年唐宣宗李忱隐居百丈寺时与当地一春姑相恋，并留下凄美的故事。春姑死后，唐宣宗命人给为村姑修建了一座“皇娘墓”。

满江红·文革感赋

读席宣，金春明《文化大革命简史》既文革结束四十年有感。

动荡山河，怎堪忆，风狂雨虐。
曾几度，民生无序，国家蒙劫。
十载忍埋尧舜痛，一书难尽丹青血。
噩梦销，问醒后惊魂，悲犹切！

承天运，魑魅灭。中兴路，航标确。
看东方龙起，自当腾越。
为有苍生安与幸，何谈此辈得还舍。
驱浮云，待广宇明澄，千秋月。

2015 年 12 月

满江红·祭秋瑾

2014年8月5日大雨，浙江绍兴

立忆轩亭，何忍睹，香消玉裂。
天昏暮，雨悲云泣，恸吟东越。
生是炎黄忠烈女，死如天地云中岳。
叹未酬壮志命先归，哀难却。

来者赴，兴中业；当欣慰，仇终雪。
祭昔时孤塚，万众临谒。
茅山莫忧秋雨暗①，西湖寒过多春色②。
有新花，遍地伴英魂，同凉热。

注：①秋瑾就义前挥笔写下“秋风秋雨愁煞人”词句。
②秋瑾遗骨曾多次迁移，最后安葬在杭州西子湖畔。

满江红·刘公岛

刘岛初游，面沧海，云飞涛跃。
何以忘，百年国耻，不堪悲页。
大地陆沉赤子泪，九州板荡豺狼孽。
厦欲倾，总有顶梁人，扶危阙。

烟虽远，风未歇；兴邦梦，情尤切！
看今朝疆域，龙师英烈。
利舰能平天际浪，雄鹰可近苍穹月。
大中华，拥万里江山，谁容涉？

2017 年 8 月于山东威海

一剪梅·赣江秋韵

暮色苍茫望赣江。渔舟初泊，鸥羽轻翔。
西山形潜远云中。
万里长空，难觅星光。

不见昔时戏水郎①。昨日泅者，今在何方？
秋风无意水微凉。
江渚依然，人去草黄。

2010年11月

注：①作者少年时一起游泳的伙伴。

一剪梅·合肥相会

丙申年初秋，在安徽合肥与原北京人民大会堂诸多同事相会感赋。

一别京城四十秋。今又相会，岁月悠悠。
往时历历眼前浮。
人旅平生，几许思愁。

逐梦芳华志可酬？蓦然回首，旧逝东流。
唯余友谊驻心头。
对月衔杯，酒似情稠。

念奴娇·大地震[1]

谁曾料想，陡然间，万物梦中崩裂。
子夜惊魂无所措，充耳人间呜咽。
迅脱危机，满街喧恐，人众如洪泄。
不眠殊夜，劫余皆是凄切。

连日大雨滂沱，莫非天漏了，雷公怒发？
高处依稀朝远望，漫陋棚飘摇列。
彼此搀扶，时艰共度，风暖吹心热。
拾收残砾，待云过有明月。

2006年夏作

注：①1976年7月28日凌晨河北唐山突发大地震，严重波及北京。作者当时正在北京工作生活，亲历了这次惊心动魄的大地震，三十年之后，填词以志。

念如娇·西陵峡

2012年5月，由宜昌乘舟溯江而上，过两坝，游三峡，有感而赋。

西陵春暮，望清晨初霁，山空江绿。
舟入平湖烟霭里，两岸青峰云矗。
远水天来，又滔滔去，万里不回目。
卧虹横断，难阻东水归宿。

不见昔日艄公，惊涛一橹，进退呈风骨。
耳似闻山回号子，悠荡纤夫情笃。
三峡人家，如斯生息，风雨同江谷。
世间多变，应因天演而逐。

浣溪沙·香溪河

2012年3月，沿长江，过香溪，历鄂西北之旅。

碧水来兮入大江，
雾萦山岸两绵长，
缤纷时节恋流芳。

嫱女当年由此去，
犹闻琵琶诉离伤，
一溪春梦在他乡。

中秋望月

菩萨蛮·警旅

近期任务在身，常未分昼夜奔波于赣粤湘诸地。

潇湘驰往才留迹，
穗城又至成新客。
千里穿行中，
旅途烟雨浓。

细心分经纬，
明目辩人鬼。
不计一时酬，
功期来岁秋。

1986年3月

望江南·瞻广州黄浦军校旧址

望黄埔，
烟雨笼长洲。
百载珠江潮涨落，
南天星月映春秋。
荫绿护名楼。

曾聚首，
为国志相谋。
北伐征途甘浴血，
抗倭炮火誓同仇。
还我大神州。

2016年12月于广州

鹧鸪天·游神雾山

谷涧清风千竹修，
蔓藤古树曲径幽。
吴王殿外紫烟袅，
阳举峰巅神雾浮。

云梦幻，
水潺流，
邀谁同在画中游。
不知半日过吴楚，
欲向中原风物求。

2016 年 7 月 9 日于九江

鹧鸪天·品茶

迎客雅轩古韵浓，
银壶出水气萦空。
悠悠长饮对玄月，
袅袅香飘悟道风。

凡世事，
古今同，
寰尘看破便从容。
人逢怡境忧烦远，
汤茗随心浓淡中。

2019 年 10 月

鹧鸪天·贺中共十九大闭幕

气爽秋高朗乾坤，
喜来举国尽芳芬。
勤耕五载满园果，
宏伟蓝图愿景新。

帆已起，
目标真，
乘风破浪向前奔。
百年奋斗应圆梦，
不负苍天华夏人。

2017年10月24日

鹧鸪天·又游钓鱼台

2017年深秋，应邀至北京钓鱼台，与原人民大会堂诸多老同事相聚。

银杏叶飘黄似金，
亭台倒影幻还真。
恍然弹指光阴去，
两鬓青丝已染银。

游故地，
抚今人，
情融景秀共良辰。
人间何虑分离远，
心近天涯若比邻。

鹧鸪天・春日偶感

2018年4月29日，南昌市昌东镇西岗山农庄。

芳草吐翠酥雨滋，
野花绽丽暖风时。
家禽觅食奔林早，
群鸟争欢恐啭迟。

随漫步，
畅呼吸，
春光流淌一行诗。
忽疑此处谁宾主，
人亦物兮莫问知。

鹧鸪天·登岳阳楼

夕暮余晖映古楼，
洞庭辽阔眼中收。
风过芦海绿千顷，
波浸晚霞红半湖。

西阳落，
远山浮，
悠悠碧水任春秋。
今逢轻浪闲云日，
何为明朝天地忧？

2017年4月20日于湖南岳阳

鹧鸪天·俄罗斯世界杯

一球汇聚天下人，
只因杯里有乾坤。
英雄足下风云起，
精彩纷呈方绿茵。

强竞技，
勇攻门，
看谁终捧大力神。
高香应否朝天敬？
预卜前程未可真。

2018年6月26日于南昌

百丈寺

鹧鸪天·夜过金山岭长城

百里驰驱入热河，
燕山苍莽险关多。
身临往昔纷争地，
旧境神游闻剑戈。

风吼啸，
树婆娑，
月光岭下起悲歌。
城台横亘依稀在，
白骨雄魂知几何。

2017年11月11日于承德

鹧鸪天·太平山行

2017年春夏之交，携友赴宜春太平山，偶至一偏远小村停留。

地僻林深散蒿荒，
柴门外遇少年郎。
远驰山路身心困，
憩息随邀入客乡。

行阡陌，
话麻桑，
古樟荫下品茶香。
莫言胜境陶人醉，
民俗风情亦味长。

鹧鸪天·游甘棠湖

烟水亭中古韵浓，
甘棠湖上雨迷濛。
雄姿犹在周公瑾，
战舸旗飘昔日风。

天地转，
望星空，
乾坤过客去匆匆。
欲知千载浪花美，
且咏宋苏大江东。

2017年6月15日于九江

鹧鸪天·过年

时近年关年味浓，
满城荡漾吉祥红。
有情陡感岁催老，
无迹光阴轮转中。

天地久，
复春冬，
世间飘渺未知终。
回顾来路多风雨，
更惜青山晚韵丰。

2019 年 1 月 28 日

鹧鸪天·祭岳飞

2018年3月7日，杭州西湖岳王庙

半壁江山半月亏，
仰天长啸壮夫悲。
金戈铁马驱胡虏，
热血雄风震汉威。

莫须有，
佞臣非，
忠良蒙难逆天违。
偏隅岂可维安久，
高岳飞云①日与归。

注：①飞云意喻岳飞，岳云父子。

鹧鸪天·太白吟

文海醉游未达边，
梦巡天阙探诗仙。
举樽意在山河上，
挥笔情融花月间

先足远，
吾随然。
诗兴常起绕心田。
流芳佳作传千古，
仰望文峰谁比肩。

2010年8月

鹧鸪天·江滨春晓

薄雾浅滩泊小舟，
绿洲盛草牧闲牛。
轻风吹助白鸥舞，
旭日初升云彩游。

清气爽，
岸林幽，
江边晨练已人稠。
一天之计应知早，
美景良辰春自流。

2017 春

水调歌头·青岚湖畔[①]

1976年7月

才步京华路，又沐赣鄱风。
时逢云集雨骤，田野度秋冬。
泥里织苗百顷，日下收禾千亩。
香阵透苍穹。
天谱自然曲，甘苦在其中。

居湖畔，耕寒暑，友情浓。
同心携手、只为心里有晴空。
常约河边闲泳，偶亦中流逐浪。
一水总朝东。
星月常相守，帆起任长风。

注：①当年中央办公厅五七学校坐落于江西省进贤县青岚湖边，湖水绕经连队营地流向军山湖，与鄱阳湖相连。1975年初作者在北京工作近两年后又回到江西，在这里劳动轮训一年半时间，这段时光令人难以忘怀。

水调歌头·河口古镇

2017年秋日黄昏，上饶铅山

友邀至河口，旧埠入清秋。
陈楼遗梦，繁华落幕究归休。
行穿夕阳古道，凭岸临风望远，
天暮客心愁。
多少人间事，匆匆一江流。

青山在，江渚渺，岁悠悠。
稼轩多有遗迹，山水半生酬[①]。
似觉雄魂犹驻，意气常萦胸臆，
隔世论沉浮。
君若天知有，欣咏共神州。

注：①辛弃疾曾在江西任职，中晚年长居铅山，并留下诸多诗篇，后终老于此。

通往羊卓雍措的路上

水调歌头·坝上草原行

2018年7月16日至18日，原北京人民大会堂江西籍同事相约北京，并至河北崇礼，张北草原行。

燕境别时久，友约乐相酬。
草原如此辽阔，天路任遨游。
雨过芳茵鲜碧，日出野花绚烂。
何为阴晴忧。
篝火夜同舞，情与月光流。

曾记否？入京夜，众星浮。
同行怀梦，犹有热血在心头。
回望韶华如水，鬓斑更怀逝旧。
当解舍和留。
醉醒一杯酒，聚散几春秋。

2018年7月19日

水调歌头·游周庄

三月江南早，雨后雾生寒。
岸边烟柳垂绿，蝶恋野花鲜。
曲径分衢通巷，碧水环池绕屋。
倒映小桥圆。
万木深深处，百鸟竟鸣欢。

天渐暖，气和瑞，水缠绵。
且听摇橹吴妹，软语婉歌甜。
行坐千寻河道，穿越百年光景。
指点笑谈间。
人在旅途上，何处不逢缘。

2018 年 3 月 11 日于昆山

水调歌头·井岗山

往事随风远，岭上又杜鹃。
茨坪遥忆朱毛，师会赣湘边。
志在武装割据，唤起工农千万。
屡战凯歌旋。
红旗未曾倒，星火遂燎原。

五哨静，烽烟息，庶黎安。
一方山水依旧，恩怨化云烟。
两岸相依唇齿，海峡连通血脉。
同室怎相煎？
期待复兴日，圆梦九州天。

2011 年春

水调歌头·同学聚会

2014年6月，南昌二中74级高中（5）班同学齐聚母校参加纪念毕业四十周年活动。

风华年正少，同习在湖边①。
无忘青涩岁月，情挚暖心田。
母校景观依旧，教室书声重现，
恍若又从前。
何奈时光迅，惆怅自油然。

人分聚，天地转，北南迁。
平生春雾秋雨，逐梦未停攀。
回望风尘长旅，已历桑田沧海。
难挽乃流川。
但愿人安久，常会共言欢。

注：①南昌市第二中学即坐落在环湖路东湖边。

忆秦娥·游八达岭长城

群峰叠，
巨龙万里逶迤接。
逶迤接，
南拥北揽，
汉风秦月。

冬云飞渡雄关雪，
烽台引我朝前越。
朝前越，
江山在望，
神驰情结。

1977年12月于北京

忆秦娥·游岚山

2003年9月27日，天朗云轻，日本京都岚山，读廖承志书周恩来总理当年游岚山诗《雨中岚山》于石碑有感。

曾往矣，
岚山秀水萦诗意。
萦诗意，
云穿日出，
雨过花丽。

文陈石立铭前事，
涛奔风咽寻君子。
寻君子，
魂牵天地，
恩垂青史。

清平乐·华山

攀行路险，
岭脊通高远。
欲向上苍赊一胆，
为把风光尽览。

峭崖截断云烟，
剑峰可触蓝天。
惊叹人间殊境，
与谁评点江山？

2013年9月

清平乐·放飞

日和春暖，
路遇农夫唤。
笼里鹧鸪招客选，
囚鸟凄凄惶眼。

一番论价如收，
林中解缚任由。
振翅几声欢叫，
又回天上翔游。

2017年4月

清平乐·大东海

云闲浪歇，
海阔同天接。
昼戏碧波宵沐月。
人与沙滩聚悦。

年初复至琼端，
情牵椰国蓝湾。
留下几行脚印，
又添岁月痕缘。

2019 年元月，海南三亚

七律·周恩来总理逝世一周年祭

凄雨悲云元月八，
去年一页又新加。
乾坤转向风驱雾，
青史留痕浪卷沙。
北海波深蕴大势，
东方雷动撼天涯。
九泉知晓君应慰，
明日遍开真理花。

1977年元月8日，北京

七律·逆行者

谨以此诗献给湖北乃至全国抗击新冠疫情一线的白衣战士

使命催征赴险辛，
山河呼唤白衣人。
惊涛沧海斡旋手，
患榻诊房忙碌身。
生死逆行凭热血，
浮沉一线鉴丹心。
人间铭记初庚子，
玉雪飘过必瑞春。

2020年3月10日

七律·过川西北

2009年12月由成都赴九寨沟，一路见闻有感

群山日照泛银霜，
千嶂穿空接昊苍。
戈壁草疏禽兽少，
岷江水涌泽流长。
经幡风颂人思愿，
天国雨滋物盼昌。
信众年年朝圣路，
雪宝顶①上仰神光。

注：①岷山主峰，藏民心中的神仙。

七律 · 草堂吊杜甫

2009 年 12 月，成都

时逢国破山河碎，
大地呻吟遍铁蹄。
巴蜀飘零君幸免，
长安动荡举家凄。
境贫未忘忧天下，
身窘仍心系庶黎。
今古慕名凭吊客，
草堂门槛几人齐？

草堂吊杜甫

七律·赣江晨赋

中洲横卧枕江晨，
水畔楼边镶绿茵。
旭日才抛光数缕，
朝云便换彩红身。
渔舟夜泊遗残梦，
鸥鹭轻翔沐早春。
浩浩赣流归蠡泽，
世间始又一天新。

2018年5月27日于南昌

七律·烟雨麻姑山

2019 年 1 月 7 日于抚州南城

苍莽山深烟雨霏，
寻攀曲径雾岚随。
天边遥望五峰顶，
观内犹镌三丈碑。
自少即闻常向往，
而今巡览尽瑰奇。
仙言桑海真长寿，
愿别繁华归与斯。

七律·吊屈原

1976年6月汨罗江边，凭吊屈子，赋诗一首以祭之。

生未逢时委屈臣，
死为华夏万秋尊。
枉怀忠烈一腔血，
但恨庸君不识人。
子去国殇汨罗泣，
民悲哀郢楚山昏。
何时天问魂归处，
情出离骚寄昆仑。

七律·题方志敏广场①

红土有情忠骨留，
花开雨后秀枝头。
下沙窝处君容在，
赣水畔边常客游。
不朽宏文传后世，
长存伟业共神州。
每看日月起和落，
同度人间春与秋。

2015 年 12 月 8 日

注：①方志敏烈士于 1935 年 8 月在南昌赣江边的下沙窝被国民党秘密杀害，1957 年春找到其遗骨。

七律·游漓江

碧水悠悠接远山，
波微舟缓入云烟。
初承朝露沁心爽，
再品河虾开胃鲜。
日出峰青连绿地，
雾消江阔映蓝天。
欲留自影伴新景，
鸬结渔翁戏镜前。

2011 年 4 月于桂林

七律·读郦先生[1]回忆录

峥嵘岁月宛如歌，
风雨征程坎坷多。
深入漠边为弹爆，
遍行红土续光波。
甘将碧血化能量，
何计功名任砺磨。
奉献一生终未悔，
丹心高企向山河。

2017年6月27日

注：①原江西省计委干部，电力专家，作者邻友。

七律·抒怀

碌碌平生任蹉跎，
蓦然回首恍南柯。
才迎春色看云起，
又沐秋风对叶蓑。
心羡松梅常自勉，
情随兰杜疏尘波。
登峰问鼎当为岳，
踏雪留痕亦是歌。

2011 年 5 月于南昌

七律·陕北行

2013年春夏之交由西安一路北上延安，瞻始祖陵，观壶口瀑，行延河畔，登宝塔山，亲身感受中华文明之源长，中国革命之艰辛。

北向秦塬千里行，
连绵一路历风尘。
后生鼓舞云烟起，
女子放歌群鸟喑。
壶口激流千古涌，
黄陵魂系九州心。
延河澹澹沉星月，
宝塔巍巍连厚坤。

七律·湖畔

2012年秋日黄昏，余偶游于广东顺德南方医大校园之湖畔。夕阳西下，垂柳依依，清风拂面，微波荡漾，故席草而坐，览湖光山色之美。

清风杨柳舞婆娑，
微澜柔漪吟恋歌。
暮鸟归林纷寄树，
闲鱼嬉水逐秋波。
远山落日吐霞焰，
大际初星出汉河。
朝去夕来今又是，
大千有律自陀螺。

七律·洪城新吟

一江壮阔七虹连，
两岸楼林若比肩。
滕阁雄姿云浦立，
摩轮巨廓对空旋。
长天秋水与霞共，
廊景浮雕依畔延。
鸥鹭轻翔盘绿渚，
人间此处是家园。

2017 年 11 月于南昌

农庄

七律·离任感赋

1998年3月始，任南昌市公安局某支队支队长五年，期间，艰辛与欣慰交织，挑战与成功相伴。此为一段不平凡之经历。

春秋五载迅如梭，
去日回眸风雨多。
时记肩头担重任，
何愁前路再嵯峨。
愿披肝胆为黎庶，
更有丹心护共和。
不悔人生经苦旅，
还期天韵谱新歌。

2003年1月

七律·秦皇岛外怀古

沧溟波咏古贤韵，
竦岛若游王帝魂。
浪卷天涯托日起，
云牵皓月伴星分。
江山烟雨今和古，
人世千秋浮与沉。
往事悠悠随浪远，
潮汐依旧共涛吟。

1996年10月12日于北戴河

七律·古阁小聚

1980年北京中秋，应邀与常毅友相聚。

中秋月映古阁深，
雅室华烛迎远宾。
盈盏频频在知己，
赠言暖暖友情真。
有缘今日与君聚，
再会何时待讯音。
但愿清风同此夜，
前方暮色赖星辰。

七律·乡情

1975年12月2日，参加江西进贤五里公社农田基建劳动，与贫下中农相处，留下难忘记忆。

阡陌弯弯踏露行，
村前路口众乡迎。
挥锄破土辟田阔，
引水开渠催黍生。
喜有东风沁人暖，
更期春雨润苗荣。
相逢朝夕虽时短，
映在心间总是情。

七律·游朝天门码头①

2009年12月13日，重庆

嘉陵江涌感愁波，
歌乐山迷知雨多。
巴地有情容远客，
朝天何意问弥陀。
曾闻昔日淑云朗，
谁晓焉时寒雾过？
君问渝洲当下事，
或悲或喜总成歌。

注：①此行正逢重庆“打黑唱红”运动的高潮，是继文革之后，该城市人们尤其是党政机关和公安部门所面临的又一非同寻常时期。

七律·游神农架

2012年5月下旬赴鄂西旅游，探香溪源，观神农谷，寻野人迹，听神农事。自然的风光，迷人的传说，勾勒出神农架之神韵。

源聚香溪千里碧，
深潭幽谷漫云迷。
风光埡里峰形秀，
板壁岩中石貌奇。
难觅山高野人迹，
但逢林密众猴嬉。
雾消陡感乾坤远，
雨后方觉万物熙。

七律·成山头

远行半岛抵终端，
万里海疆迎日先。
峭壁来风千雪涌，
沧溟无际一轮悬。
秦皇临驾遗碑刻，
汉武东巡设祭坛。
壮士奔驰应勒马，
赫然此处已天边。

2017年8月11日

五律·市叉街[1]

2016年孟秋日

盛时沉岁月，
古屋刻年轮。
舟路通江达，
市街傍水伸。
两山鸥自越，
三县犬相闻。
倚岸看天下，
风烟来往人。

注：①市叉街位于南昌，新建，丰城三地交界处的南昌县岗上乡境内的赣江边，水上交通兴盛时期，曾是江南繁荣的贸易集市，随着现代交通的发展，小街逐渐衰落，但自然风光依然美丽如画。

五律·京广线上[①]

昨经南国山，
今至北方原。
江右春光早，
冀中冬气寒。
雨增河柳色，
风冽岸芦残。
物候转同异，
窗前万象观。

注：① 1978 年 3 月乘火车由南昌至北京，历时两昼一夜，凭窗望外，即兴而赋。

明月山偶遇

五律·赞曾凡有将军[①]

2019年6月18日

坳村出少童，
热血付峥嵘。
转战山河上，
宏谋大漠中。
位高施润雨，
功卓励清风。
桑梓念游子，
忠魂凝碧峰。

注：①曾凡有，开国将军，江西于都县坳下村人。此诗应江西省展览馆纪念国庆70周年赣籍开国将军事迹大型展活动而作。

五律·少林寺

2019年9月26日

晨山秋意爽，
攀道步中延。
古刹翠林隐，
碑林薄雾绵。
达摩开静地，
青史厚僧缘。
名岳因禅远，
峰高似近天。

五律·读史

自古多文脉，
诸家出道儒。
长河互消长，
高岳两同殊。
论有中庸理，
道循无为乎？
悠悠天地转，
沧海看沉浮。

2018 年夏

五律·青山湖行

秋闲自在身，
有意远喧尘。
沿岸循弯道，
观湖卧绿茵。
波微嬉幼鹜，
日暖醉游人。
时正风光好，
何期来岁春？

2018 年 11 月 24 日南昌

五律·秋日

云暮苍山远，
风来秋水寒。
噪蝉方隐树，
候雁又飞南。
人未忌晴雨，
物宜随自然。
夜来窗外寂，
冷月为谁悬？

2019年秋

五律·游篁岭

偏野探崇岭，
晒秋窗照前。
半山村舍落。
坡谷垄田绵。
溪水依房绕，
天街入雾穿。
浮云若无有，
亦梦亦人烟。

2018年11月2日与婺源

五律·重游海南岛登五指山

一山衔远海，
五指入南天。
深谷藏烟雨，
莽林牵壑川。
春冬皆气适，
黎汉共生绵。
未识攀行路，
漫游云水边。

2018 年 1 月

五律·钱塘潮

海东虚练远，
迅即涌潮来。
钓叟因时转，
行舟错位开。
浊波翻沸水，
巨浪越高台。
未及惊喧客，
滔滔荡世埃。

2008 年 10 月

五律·秋水广场之夜

昌西方入夜，
江岸万灯开。
气引人潮至，
云疏星汉偎。
长空彩泉舞，
大地浩歌廻。
炫目缤纷里，
芸芸孰与陪？

2017年孟秋，南昌红谷滩

五律·吊赤壁古战场

烽烟随浪远，
赤壁立前川。
隔岸北南坼，
对垒生死悬。
乾坤开战定，
雄主几分天。
浩浩中华史，
此章尤可圈。

2018 年 9 月 28 日湖北赤壁

夏威夷海滩

七绝·渔夫

天低云暮暗洲头，
风雨飘摇现小舟。
渔叟冷看江浪起，
手持一棹渡春秋。

2018 年 12 月

七绝·咏玉

隐身山腹未知踪，
层土尽除方显容。
万石丛中伊最靓，
亿年修炼出瑶琼。

2012 年元月

七绝·含鄱口揽胜

远山起伏接青天，
湖水江流一线牵。
目尽乾坤遥万里，
长风为我扫云烟。

1984年7月于庐山

七绝·晨跑

天边冷月地边霜，
漠漠清晨平野荒。
一路逶迤寒露碎，
雾随身影热烟扬。

1976年冬，江西进贤青岚湖畔

七绝·谒胡耀邦陵

天昏雨泣乱云飞，
一曲哀歌大地悲。
萦梦山河情未了，
鄱湖无语望魂归。

1995年元月，九江共青城

七绝·又游龙虎山

涧濛峰峙远尘喧，
日丽风柔天地宽。
吾愿余生依此境，
不修千载亦如仙。

2017 年 10 月 5 至 6 日

七绝·过立交桥偶感

生来俯卧任屈伸，
只为车流引远程。
交错纵横皆有序，
此身不负往来人。

2018年10月27日于南昌

七绝·鼓浪屿观海

遥眺东南烟雨稠，
风狂浪卷只添忧。
长虹飞渡终有日，
海晏澜安共九州。

2016年3月于厦门

七绝·江泳

跃身横向中流去，
悉水何忧百浪来。
有兴常为江上客，
心波总逐碧花开。

2012年夏

七绝·壶口瀑布

黄河壮阔接秦汾，
九曲回肠向海奔。
千里洪流于此汇，
一腔彭湃撼乾坤。

2013年4月17日于延安

壶口瀑布

七绝·赞朱德

看电视连续剧《开国元勋朱德》有感

身经百战砺磨多，
义胆忠肝动地歌。
一代英雄凌霄志，
踏平乱世向共和。

2015 年 12

七绝·雾晨北戴河

薄雾蒙蒙浮海面，
远礁隐隐宛如仙。
低垂岸柳梦非醒，
飞鹭一声划破天。

1996年9月

七绝·登阁皂山

拾阶直上探玄山，
古道清风入殿前。
渴饮溪边一瓢水，
心中流淌是甘泉。

2019年6日于宜春樟树

七绝·登海南铜鼓岭

一峰高矗起琼东，
不与群山景色同。
今遇浮云遮望眼，
登高还盼远来风。

2019 年 1 月 10 日于文昌

七绝·九华山

青烟飘渺化云霞，
秀岭奇峰拥九华。
纷至踏来皆远客，
不观风景问禅家。

2016年8月30日

七绝·九宫山下吊闯王陵

江山易主得而失，
变幻风云孰可知。
一代枭雄断魂处，
几多悲叹几多思。

2018年秋于湖北

七绝·黄山迎客松

初夏日晨，登黄山一游。览遍万物，尤觉黄山青松之独特，它依岩而生，雄伟挺拔，傲立山巅，大气洒脱，其形态与品质非一般松树也。

云涛出日照千峰，
峻岭奇岩各显容。
足踏遍山览万物，
青狮石上出奇松。

2014年6月11日

七绝·赣江之夏

远山落日映飞霞，
碧水轻风浪吻沙。
两岸噪蝉息暮柳，
一群白鹭戏洲洼。

2006年7月于南昌

七绝·三百山

2016年夏，赣州安远县东南，谷幽林茂，飞瀑流泉，湖光山色，风清气爽，此乃东江源头三百山也。

未知林海隐云烟，
但见深山出涌泉。
溪涧涓涓朝远去，
香江汲用可思源？

七绝·跳水

1979 年夏，携友至北京陶然亭公园游泳池游泳，初登高台跳水感赋。

既上高台方水间，
便将孤胆对空悬。
人生何惧身朝下，
碧浪绽开花向天。

函谷关

七绝·函谷关

远客东来紫气留，
谷间西道走青牛[①]。
登楼眺望云烟渺，
万重关山一水流[②]。

2019年9月27日于三门峡

注：①传说老子由东至函谷关，在此写完《道德经》后便身骑青牛西去，不知所终。

②黄河从函谷关北流过。

七绝·都江堰

岷水滔滔巧引流，
泽恩万物逾千秋。
临江高庙依山立①，
济世英名与堰留。

2018年5月27日

注：①纪念李冰父子的二王庙。

七绝·福州之夜

溢彩流光不夜空，
欢歌曼舞醉春风，
榕城有意迎远客？
此刻普天应是同。

2016年2月春节于福州

七绝·寒秋

鸿雁西飞天际空，
斜阳落叶已秋浓。
天山高冷应飞雪，
南月孤悬又一冬。

2015 年 1 月 10 日

七绝・谒忠烈祠

弯急坡高南岳路，
云飞雨洒雁回风。
忠魂自有青山伴，
喋血悲歌荡我胸。

2016 年 4 月 20 日于衡山

七绝·呼伦贝尔草原行

天路逶迤缠莽原，
白云飞处草连天。
驱车千里日行远，
总在悠悠天地间。

2015年7月，内蒙海拉尔

七绝·泛舟

风生湖面起涟漪，
桨落波随鱼逐嬉。
出水荷花迎我笑，
人融佳境自心怡。

1978年夏，北京北海公园

七绝·感秋

旷野风凄万木哀，
雨丝飘处自愁怀。
天人今古应相似，
欧[1]赋秋声入耳来。

1978年12月北京郊外农场

注：①欧阳修。

七绝·黄果树

飞流落处起云烟，
山半洞前挂水帘。
鸟语花香融翠绿，
恍然隔世入桃源。

2016年春于贵州

七绝·大觉山漂流

随漂直下水推舟，
百丈悬崖惊激流。
安险浮沉凭一楫，
越过骇浪抵滩头。

2012 年夏

大觉山漂流

七绝·纪念五四运动一百周年

风云激荡百年前，
沧海桑田感变迁。
国有英才担道义，
何愁天下不轩辕。

2019年5月4日于南昌

七绝·黄花岗祭辛亥英烈

光阴荏苒又回眸，
血染山河恸九州。
壮士悲魂凝伟岳，
白云化泪与江流[①]。

1981年8月30日于广州

注：①又指白云山与珠江。

七绝·题黔西南风景区

石上缠藤皆为树，
山间流水总成瀑。
千姿百态景中人①，
穿洞爬坡山旅路。

2016年4月12日

注：①风景区有一盆景区，各种盆景千姿百态，惟妙惟肖，与自然风光融为一体，吸引无数游人流连忘返，观赏留影。

七绝·成都诗会

朋集蓉城五月春，
花开诗苑尽芳芬。
寻源再谒先贤地，
只为此心通彼君。

2018年5月29日

七绝·金鞭溪峡谷

一峰独起百山低，
万木吐辉七彩齐。
碧水潺潺出幽谷，
洞天别有在湘西。

2012 年 11 月

七绝·胡同秋夜

苍茫夜色锁燕城，
梧叶婆娑月隐行。
寂寞寒天何处去，
灯黄影绰伴前程。

1996年11月于北京

七绝·惊蛰

天响春雷惊蛰初，
暖风化雨润如酥。
轮回四季有时节，
万物芸芸盼复苏。

2018 年 3 月 5 日于南昌

七绝·看电影《蓝风筝》有感

欲扬薄翼向蓝天，
却有身随一线牵。
若问今生悲喜事，
孤魂无语任飘悬。

2018 年 11 月 12 日

七绝·大龙湫

飞龙高跃出云端，
万粒玑珠落玉盘。
吾盼天公重抖擞，
遍降雨露泽人寰。

2016年10月16日温州雁荡山

大龙湫

七绝·陋室吟

书海茫茫任我翔，
挥毫走墨自圆方。
简斋虽小容天地，
情趣盈盈兴未央。

2018年春节于南昌

七绝·视听偶感

偶闻蝉叫感时少，
望断雁踪天际渺。
万物消长应有循，
人间祸福焉知晓。

2016年秋月

七绝·嵩山行

仰看峭壁白云间，
栈道盘崖千丈悬。
欲揽风光何所惧，
崎岖过后是新天。

2019 年 9 月 26 日于河南登封

七绝·护照申领改革感赋[1]

昔出国门多旧律，
开明新政适逢今。
人持一照游天下，
民意顺为倾寸心

2003年10月1日于南昌

注：① 2003年10月1日南昌市开始在全省率先实行居民按需申领护照试点。其时，作者正在市公安局出入境管理处工作，具体组织实施了此项出入境管理中具有里程碑意义的工作。

七绝·清明

城郊处处上坟人，
是为此时祭故亲。
总把纸灰当币寄，
阴阳难隔一分真。

2018年4月5日

七绝·过郑州黄河

洲平河阔漫流黄，
潮水滔滔来路长。
淘尽沙泥情在远，
曲途过后是汪洋。

2019 年 9 月 25 日

七绝·柚子树

叶枝常年皆茂盛，
逢秋果实更丰馨。
不和百卉比娇艳，
只为山丘一抹青。

2018 年秋

七绝·银杏树

寒风频起又秋分，
疏木无需悲落痕。
当见来年枝上绿，
定应旧叶附新魂。

2017 年 11 月

七绝·庐山秀峰观瀑

2018年夏秋之交日，自庐山南麓徒步登山，上拾九百级台阶处，向东北方遥看悬崖落瀑，似穿越时空，体验当年太白应景赋诗之意境。

坡陡林深行向东，
慕文循道觅仙踪。
半山远眺前川瀑，
一景定格千载中。

庐山秀峰观瀑

七绝·向上天峰

2017 年 10 月 24 日，沿蜿蜒乡间小道行至山脚下，因无路上山而返。

慕名春赴上天峰，
一路丘陵草木丰。
临近难分山入口，
道无何处觅仙踪？

七绝·题天泉水都[1]

清池碧水可周旋，
体验多维别样天。
冷暖阴晴分隔外，
江河浓缩方寸间。

2018年4月于南昌

注：①南昌市多功能游泳馆。

七绝·题与邓小平合影照

往事依稀流水长，
景情犹记照微黄。
伟人身后立时日，
心海便留一缕光。

2019 年 2 月

七绝·到天涯海角

浪打礁岩水吻沙，
风梳椰树草拥花。
兴然赤足赶潮去，
海角回眸即是涯。

2019 年 1 月 12 日

七绝·无题

平生应读哲良书，
出入围城问当初。
人羡征鸿向高远，
却无云羽助摇扶。

2018 年 10 月 15 日

七绝·梅花缘

天沉气冷草多衰
偶见孤梅偏野开。
心朗何期晴照日，
情通自有暗香来。

2018年12月

七绝·上饶灵山

龙腾山脊首朝东，
奇石峭岩神斧功。
云里雄柱拔地起，
迎风沐雨傲天穹。

2016年9月13日

七绝 · 雾里看花

依稀雾里探初蕾，
始觉是花皆为美。
待到阳光普照时，
方知百卉不同类。

1979年春于北京中山公园

七绝·雁荡山下

2016年秋，自游雁荡山并于山下村庄小住。

雁山苍莽曙微露，
起伏群峰廓显初。
偶听雄鸡啼唱远，
蒙蒙旷野始清舒。

10月17日于温州

庐山天边蘑菇云

七绝·蘑菇云

1984年夏日黄昏庐山，牯岭街心花园，凭栏东眺，一巨大蘑菇云现远处天际，甚为壮观。

徐徐夜幕隐匡庐，
百壑千峰已渐虚。
惊现奇云山外起，
金菇炫目耀暝初。

七绝·成都武侯祠

2009 年 12 月于成都

风霜雪雨立千秋，
犹有英灵牵九州。
历数王侯功与过，
当由百姓舍还留。

七绝·苏绣街

姑苏城外有农家，
自古女人多绣花。
巧手拓开工艺路，
一针织出太湖霞。

2018年3月10日于苏州镇湖

七绝 · 游天柱山

云海升腾千壑渺，
擎天柱起万山小。
亦峰亦洞探神奇，
松立高崖迎日早。

2015年10月18日

七绝·题国画《江山如此多娇》[①]

高悬堂北历时久，
万里江山一目穷。
心纳往来天下客，
胸藏岁月雨和风。

2009年9月于北京

注：①时值人民大会堂建堂50周年，参加纪念活动又赏傅抱石关山月《江山如此多娇》国画有感。

七绝·通向羊卓雍措的路上

久盘高路近苍穹，
鸟瞰光山一貌同。
多想倚天抛万籽，
春雷一吼便青葱。

2019 年 6 月 3 日拉萨

七绝·江湾舟泊

远望风雨中几小舟于激流边安然而泊偶感。

急风吹雨洒江流，
便有洲弯泊小舟。
不逆势情争寸秒，
起锚只待浪潮收。

2019年4月12日

七绝 · 赴三叠泉

路转峰回千百旋，
铁鞋踏破抵前川。
苍天垂滴三行泪，
深谷虚怀接涌泉。

1984 年 7 月于庐山

七绝·夜雨晓晴

昨夜电闪雷鸣，风疾雨虐，今晨天清云朗，万物平复。

才消残梦人初醒，
窗外频传翠鸟鸣。
又是清风融夜雨，
天公妙手布阴晴。

2016年6月20日于南昌

七绝·美庐别墅

小楼夕照晚来风，
旧物犹存人已空。
长冲河畔多少事，
消沉岁月雨烟中。

2008 年夏于庐山

美庐别墅

七绝·南昌裕丰大厦

峙立江边数十载，
一朝破碎失雄概。
世间万物莫恒时，
起落自然是常态。

2017 年 9 月 15 日

七绝・通往成都的高铁上

2018年5月25日应邀去成都参加诗词世界杯中华诗词大赛暨成都笔会，路途感赋。

春夏交时雾气生，
蜀吴连处翠嵘峥。
遥途西向三千里，
欲借东风送一程。

七绝·雅鲁藏布大峡谷

2019 年 5 月 31 日，夜宿西藏林芝雅鲁藏布大峡谷一山庄，次日晨，步于江边，万物寂静，幽梦未醒……

群峰初显远连绵，
碧水无澜静卧前。
千里怒涛由此去，
一腔豪迈不需言。

七绝·茶轩会友

凭轩临水沐江风，
知己相逢话意融。
不觉时光已近晚，
斜阳一缕映茶中。

2017年5月1日于南昌

七绝·玉龙雪山

横空出世傲苍穹，
似有神光附玉龙。
冷对风云天地起，
遥看雪域问珠峰。

2016 年 4 月于丽江

七绝·欢送战友

1979年7月15日夜，人民大会堂四川厅，为欢送战友回地方工作的晚会上。

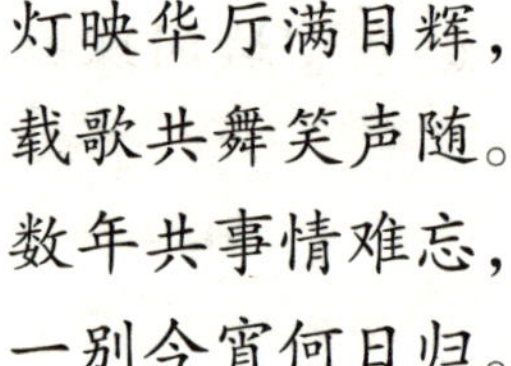

灯映华厅满目辉，
载歌共舞笑声随。
数年共事情难忘，
一别今宵何日归。

七绝·维多利亚湾之夜

2007 夏，香港

静水悠悠偎港湾，
星光灯火对愁眠。
一轮皓月在天朗，
谁待瑶光照屋前？

七绝·三峡游

苍茫三峡入烟雨，
人在旅途任舟去。
满目青山曾似逢，
一江碧水静无语。

2012年5月于湖北宜昌

龙虎山

七绝 · 渔人码头[1]

游子飘洋梦亦随，
寄身异国半生悲。
渔人不见华人泪，
满腹心酸欲诉谁？

注：①美国旧金山海滨的渔人码头曾是华人初始为生存而奔波的聚散地，它见证了华人漂泊创业的血泪史。

七绝·小平小道

小道逶迤天地间，
远行脚步伟人先。
回眸岁月风云涌，
无限康庄此路延。

2012年春于南昌新建

七绝·夏威夷海滩

茫茫碧海暖风吹，
阵阵浪花珠玉飞。
多色游人亲水至，
高椰挂月未思归。

2008年2月于美国夏威夷

七绝·于都河

大军集结始开序，
惊世突围由此去。
万里征程终有归，
赣云遥化秦天雨。

2016年秋于赣南

七绝·会昌踏青

会昌城外有高峰，
故事蕴藏岁月中①。
曲路弯弯通远景，
青山莽莽探遗风。

2016年6月于赣南

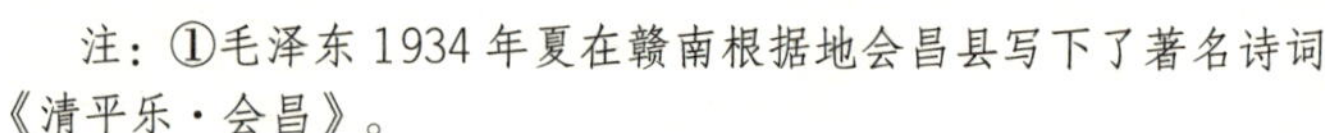

注：①毛泽东1934年夏在赣南根据地会昌县写下了著名诗词《清平乐·会昌》。

七绝·雾山行

2010年初春，赴武功山，雾弥漫，物隐形，路皆迷，此非寻常之经历也。

天地无形万物弥，
千峰雾锁百沟平。
茫茫前路知何往？
小径逶迤引足行。

2010年2月

七绝·黄昏岳麓山

秋叶临风向晚吟，
飞霞落日映层林。
攀行道上寻芳迹，
树绕云环拱一亭。

2012年11月于长沙

大峡谷拂晓

七绝·凤凰古城

沱江隐隐透苍茫，
城廓蒙蒙露曙光。
两岸吊楼依次远，
湘西深处凤凰藏。

2012年11月于湘西

七绝·远眺南迦巴瓦峰

出日散云澄碧天，
银峰玉岭始开颜。
雄姿可比九州岳，
圣洁犹如梦里仙。

2019年5月31日于西藏林芝

七绝·观越剧《红楼梦》

今生本是好缘姻，
怎奈命薄飘若云。
相遇宛如一场梦，
红楼永荡不甘魂。

1977年9月于北京

五绝·冬

云浓天近渚，
风过水尤寒。
江静无舟迹，
苍茫透远山。

五绝·虬梅

雪地数枝梅，
躯身蜷且老。
此容君莫轻，
风骨天知晓。

乙亥年初二

五绝·牯岭夏夜

万灯明牯岭，
游客戴霞归。
莫道山城小，
星河共映晖。

1984年7月庐山

五绝·山泉吟

源来山岳间，
跌宕向平川。
终化涓涓水，
潺潺润物先。

2017 年 5 月

五绝·蝉

有树择枝栖，
一生鸣不已。
声中欢与悲，
谁解其中意。

2019年夏于南昌郊外

五绝·稻

青苗沐雨阳，
成熟便金黄。
给我一瓢水，
还君满屋香。

1975年秋

南迦巴瓦峰

五绝·观彭玉麟[1]梅花图有感

平生独爱梅，
墨洒印心扉。
情至笔含泪，
花魂一纸归。

2018年4月20日

注：①彭玉麟，清朝著名政治家，军事家，书画家，善画梅，自称“一生知己是梅花”。据说一生画梅万幅并题诗，以寄托对已故情人“梅姑”之怀念。

五绝·无题

身行天地中，
来去两从容。
聚散一盅酒，
有缘今世逢。

2018 年 7 月

五绝 · 看苏联电影《两栖人》

宿命两栖人，
终分陆海身。
相思无可及，
明月鉴心真。

1976 年 11 月于北京

五绝·云

漂游随日月，
来去任天风。
化雨应时候，
润滋情有终。

2019年9月

夜巡记[1]

苍茫赣江水，静卧扬子洲。
天上月如镜，堤边草集丛。
徒行不辞远，使命刻于胸。
汗湿盈衣裤，祈心待远风。
万屋人宁睡，但因拳未松。
路旁偶歇石，遥对渚江东。
寂寞夜阑下，依稀见钓翁。
巡逻再出发，平安迎日红。

注：① 1983 年盛夏期间，为配合全国严打形势，与东湖分局董家窑派出所民警一起执行辖区治安巡逻任务。行至赣江富大有堤边偶歇，有感而记之。

问道

纵横天地，
与日月同行。

穿越时空，
向古今问道。

2019 年 1 月

藏人生死观

2019年5月31日，拉萨

万步长叩首，
面对大昭寺，
哪怕一生身朝地。

千幡结永心，
魂系如来佛，
只为来世有新天。

三亚湾观海

2014 年 4 月于三亚湾小住偶记

昼看万顷碧波远，
夜闻千层涛声近。

风来潮涌云水稠，
日出海阔天宇靖。

题红旗渠

悬崖绕碧流，
漳河水泽林州万物于饥渴。

崇山树红旗，
愚公情召天下游人共观瞻。

2019年9月，河南林州

秋水闲云

秋水静静向东流，
前路虽远，
有道终将到海。

闲云悠悠随风走，
天空似大，
无涯何处是家。

2019年元月

江中兰渚

寸绿聚葱茏（后记）

我的诗词《兰渚集》出版了。

这是我心中诗词情结的一次释怀，也是我诗词攀行路上的一个驿站，更是我人生经历的情景回放和心灵告白。此时此刻，我既欣慰又有些许惶恐，欣慰的是我终于可以了却自己将诗词汇编成集并出版的心愿了，惶恐的是不知道我的这些作品能在多大程度上与读者产生共鸣，而这正是我所期望的。

喜欢诗词是写作诗词的前提和动因。我喜欢诗词是从毛泽东诗词开始的，是那个红色年代给了我高频率接触和学习毛泽东诗词的机会，记得还在读小学和中学时，我就能熟背许多毛泽东诗词，同时，也知悉和了解了不少脍炙人口的古典诗词。

后来上大学读的是汉语言文学专业，也契合了自己喜欢文学的心愿。参加工作后，虽忙于工作，但业余闲暇之时还会经常看看有关诗词方面的书籍，并尝试着进行诗词写作。

诗词是言志寄情的载体，是中华民族独有的文学形式，诗词写作与散文，自由诗等文学创作有很大不同，比如散文写作可以纵横天地、潇洒自如，想怎么写就怎么写，写自由诗也无字数，句数，对仗，音韵等要求，可以无拘无束的创作和发挥。而格律诗则不一样，有人形容格律诗词的创作是“带着镣铐跳舞”，这在某种意义上反映了格律诗词写作之难度。的确格律诗词在形式上有严格的要求，就像舞者只能在舞台的范围内展示舞蹈技艺一样，而正因为如此，诗词才有着其他文学形式不可比拟的美。

为此，在诗词创作实践中，应努力做到诗词所表达的思想内容与诗词的格律要求之间的和谐统一。文学的内容与形式本是一对矛盾，诗词尤甚。如何解决好这对矛盾几乎是贯穿于诗词创作的全部过程，可以说，处理好了它们的矛盾关系也就较好地完成了一首诗词的创作。

我的理念是，在写作过程中，当一首诗词中的某个字或词不能与平仄要求相吻合时，而若用其他的字或词代替又将影响诗词意境或整体效果的话，我便会选择更符合诗词内容的字或词，因为形式是为内容服务的。当然，形式与内容的完美统一终将是诗词创作的最高境界，也应是诗词写作者追求的目标。

诗词创作是与作者所处的那个时代同步的，是社会生活，个人经历及其价值观和人生观的反映，所以，本书一百七十余首诗词既记录了我人生轨迹，也反映了时代变迁，既是我精神世界的留痕，也是过往历史的缩影。尤其让我记忆深刻的是文革后期至改革开放之初这段历史中所发生的事情，那时，我正在北京人民大会堂工作，亲身经历和感受了中国那个重大历史转折时期的风云变幻。

1977年初所写的《七律·周恩来总理逝世一周年祭》就是这样一首诗。在周总理去世后的一年时间里，中国发生了许多惊天动地的大事：朱德和毛泽东又相继逝世；天安门广场清明节4·5事件爆发；唐山突发罕见大地震；四人帮被粉碎，一系列巨变让人感慨万端，如诗云："凄雨悲云元月八，去年一页又新加。乾坤转向风驱雾，青史留痕浪卷沙。北海波深蕴大势，东方雷动撼天涯。九泉知晓君应慰，明日遍开真理花。"抒发了纪念和告慰周总理之情怀，也反映了那个历史阶段的特殊情势。《水调歌头·青岚湖畔》，记录了这一时期我在中央办公厅五七学校的劳动生活，"才步京华路，又沐赣鄱风"。"泥里织苗百顷，日下收禾千亩，香阵透苍穹。" "星月常相守，帆起任长风"。那是一段特殊而难忘的岁月，它使我的经历深深地烙上了那个时代的印记。

1979年初填词《沁园春·飞雪迎新春》，也具有这样的时代特征。记得那是我在北京度过的一个意义非同寻常的春节，党的十一届三中全会刚结束，滚滚春潮开始在祖国大地上奔涌，也在我的胸中涌动，面对皑皑的漫天飞雪，诗情在我心里油然而生："莫愁冰结燕河，玉泉动，初惊北海波。叹九州多舛，乾坤动荡，纷云飞雨，几处琼阁？呼唤花开，尽驱前雾，愿为阳春引浩歌。更远望，万里江山路，不再蹉跎"。眼前，一个令人神往的未来正在显现，一个催人奋进的时代正在走来。

还有《七绝・感秋》《七绝・春归》《七绝・跳水》《七绝・晨跑》《七绝・雾里看花》等许多诗词都是对那段历史时期所发生事件的咏叹，以及个人生活某些段面的感悟和记录。我想，如果时间是我人生脉络一条线的话，我的诗词便是这条线上跳动的点，尽管这些点分布的不那么均匀，不那么对称，但恰好呈现了我人生历程的波澜起伏和个性状态。

本书诗词大部分还是改革开放以后几十年来我人生旅程中所历，所闻，所感。大致可分为六类：

一是寄情自然山水之作。如《一剪梅・赣江秋韵》就是这类诗词。赣江是我的母亲河，我不仅喝它的水长大，而且从小便常在江里游泳和嬉戏……我与赣江有着天然的情感依托。2009 年秋的某天黄昏，我偶于江边闲步，面对暮色苍茫的赣江"渔舟初泊，鸥羽轻翔。西山形潜远云中"的景象，自然回忆起儿时江中嬉水的往事，并顿生感慨："不见昔时戏水郎，昨日泳者，今在何方？秋风无意水微凉，江渚依然，人去草黄。"

又如《七绝・雅鲁藏布大峡谷》，那天晚上我随团来到西藏林芝大峡谷的某山庄临水而居，次日早到江边散步，见山廓初显，云霞微染，水面像一面巨大镜子映照着两边崇山峻岭，眼前雅鲁藏布江与影视里所见，许多文字里所描述的咆哮奔腾，一泻千里的壮观的情景形成巨大反差，但我想，这应是冲锋前的蓄势待发，可谓“群峰初显远连绵，碧水无澜静卧前。千里怒涛由此去，一腔豪迈不需言。”我分明看到了它深藏的无限能量,看到它平静外表下一颗激情澎拜的心。此外还有《七绝·大觉山漂流》《鹧鸪天·游神雾山》《七律·成山头观海》《五律·少林寺》《七绝·三百山》《七绝·鼓浪屿》《七绝·呼伦贝尔草原行》等都是我漫游祖国山水留下的足迹和咏叹。

二是感事咏物之作。多见闻偶感或即兴而赋，如《七绝·过立交桥偶感》《七绝·柚子树》《五绝·山泉吟》《五律·兰渚边草吟》《五绝·稻》《五绝·云》《秋水闲云》《五绝·观彭玉麟梅花图有感》《七绝·咏玉》等；

三是祭奠英烈和已故伟人之作。如《七绝·谒胡耀邦陵》《七律·题方志敏广场》《忆秦娥·游岚山》《鹧鸪天·祭岳飞》《满江红·祭秋瑾》《七绝·小平小道》《七绝·成都武侯祠》《七绝·黄花岗祭辛亥英烈》《七绝·谒忠烈祠》等，皆为游历过程中瞻仰英烈和已故伟人陵墓或活动旧地，回顾他们的事迹，祭奠其英灵。

四是怀古咏史之作。如《五律·读史》《五律·游赤壁古战场》《七绝·美庐别墅》《临江仙·海昏侯》《七绝·于都河》《七绝·纪念五四运动一百周年》《望江南·瞻广州黄浦军校旧址》等。

五是感悟世事和人生之作。是某个阶段或某个节点对人对物的感悟。如《临江仙·戊戌中秋望月》《鹧鸪天·品茶》《鹧

鸪天·过年》《七律·抒怀》《七律·离任感赋》《七绝·梅花缘》《七绝·南昌裕丰大厦》《七绝·视听偶感》等。

六是有感于朋友同学同事聚离之作。如《一剪梅·合肥相会》《鹧鸪天·又游钓鱼台》《水调歌头·坝上草原行》《水调歌头·同学聚会》《七绝·欢送战友》等。

此外，还有少量反映我本职工作的诗作以及其他方面的诗作。

在诗词编辑成册并将付梓时，我将该书取名为《兰渚集》。兰渚，渚之美称也。汉公孙乘《月赋》：“鹍鸡舞于兰渚，蟋蟀鸣于西堂”，曹植文云：“朝发鸾台，夕宿兰渚”，宋刘过词有“冉冉烟生兰渚，娟娟月挂愁村”。

古人的诗文，会常常让我不由自主地顺着他们心里和眼中的兰渚去想象：宽阔江河中的小洲躺卧在蓝天白云下，洲上绿草萋萋，蜂飞蝶舞，鸥鹭栖嬉，清澈的江水从洲边缓缓流过，滋润着这块净土和这块净土的生命。黄昏，一缕夕阳照在江面，染红了江水，也染红了云霞，紫色烟霭徐徐萦绕在江渚之上……这是一处无限美妙的自然天地，我陡然觉得兰渚就是超尘脱俗的人间仙境，我希望我的诗作就像兰渚边的一棵棵小草，栖息在这片山水之中，沐浴着大自然的养分而生长，这是生命的寄托，更是心的向往。

本文最后，我想以一首近作《兰渚边草吟》作结：

临水渚边草，根生沃土中。
朝承天降露，夕沐远来风。
云涌动青影，浪飞摇浅梦。
春来无附媚，寸绿聚葱茏。

邓小华

乙亥年冬于南昌